ÀS VEZES SOL, ÀS VEZES TEMPESTADE

é assim que as flores crescem

ÀS VEZES SOL, ÀS VEZES TEMPESTADE

é assim que as flores crescem

Wandy Luz

2ª edição

Rio de Janeiro | 2025

IMAGENS DE CAPA
White Sweetbriar (1817–1824), Pierre-Joseph Redouté / © Rawpixel
Yellow Lady's Slipper Orchid (1805), Pierre-Joseph Redouté / © Rawpixel

PROJETO GRÁFICO E COMPOSIÇÃO DE MIOLO
Renata Vidal

IMAGENS DE MIOLO
Etacarinae89 / Freepik (p.1); Freepik (demais imagens)

CIP-BRASIL. CATALOGAÇÃO NA PUBLICAÇÃO
SINDICATO NACIONAL DOS EDITORES DE LIVROS, RJ

L994v

    Luz, Wandy
        Às vezes sol, às vezes tempestade, é assim que as flores crescem / Wandy Luz. - 2. ed. - Rio de Janeiro : BestSeller, 2025.

    ISBN 978-65-5712-476-5

    1. Autorrealização. 2. Autoconsciência. 3. Técnicas de autoajuda. I. Título.

25-96626
                                                            CDD: 158.1
                                                            CDU: 159.947.5

Gabriela Faray Ferreira Lopes - Bibliotecária - CRB-7/6643

Texto revisado segundo o novo Acordo Ortográfico da Língua Portuguesa.

Copyright © 2025 by Wandy Luz
Copyright da edição © 2025 by Editora Best Seller Ltda.

Todos os direitos reservados. Proibida a reprodução, no todo ou em parte, sem autorização prévia por escrito da editora, sejam quais forem os meios empregados.

Direitos exclusivos de publicação em língua portuguesa para o mundo adquiridos pela
Editora Best Seller Ltda.
Rua Argentina, 171, parte, São Cristóvão, Rio de Janeiro, RJ – 20921-380
que se reserva a propriedade literária desta obra.

Impresso no Brasil

ISBN 978-65-5712-476-5

Seja um leitor preferencial Record.
Cadastre-se e receba informações sobre nossos lançamentos e nossas promoções.
Atendimento e venda direta ao leitor:
sac@record.com.br

Sumário

9   Prefácio

ÀS VEZES SOL

15   21 de maio de 1986
23   A liberdade de ser quem eu sou é a minha arte
25   Compromisso com a nossa autenticidade
29   Nem tudo que o coração guarda pode ficar
31   Viver com coragem e propósito, aqui e agora
35   Escolho proteger minha paz
37   O céu dentro de você
41   Liberdade é se livrar do que te aprisiona por dentro
43   Se a bagunça não é sua, não se sinta obrigado a organizá-la
45   Não se deixe para depois
47   Apenas ser. Apenas viver
49   Eu me recupero no silêncio
51   Este capítulo é sobre mim

53 Respirar fundo e ouvir o que vem de dentro

55 É melhor andar sozinho na verdade do que acompanhado na mentira

57 Onde nossa luz não apenas sobreviva, mas onde nossa luz também brilhe

59 A verdade que levo comigo em cada passo

61 Respeito não se pede, se cultiva

63 Estar só e sentir-se só são coisas diferentes

65 O verdadeiro elixir da nossa salvação

ÀS VEZES TEMPESTADE

69 O sabor da mudança

73 A emoção nos leva a lugares que a razão jamais ousaria pisar

75 Com olhos que enxergam além

79 O meu barco também precisa de portos seguros para atracar

83 Errar, rever, aprender a continuar

87 Nunca vai existir um momento melhor para estar vivo do que este

89 Você é livre?

91 Despeça-se com graciosidade

93 Nos permitir experimentar tudo o que a vida tem a nos dar

95 Tudo vira memória

97   O peso das coisas não ditas
99   A heroína que precisei ser
101   Não pare até se orgulhar
103   Lutamos, tentamos e entregamos tudo de nós
105   Querido quase amor

É ASSIM QUE AS FLORES CRESCEM
109   A vida é o que é
113   Além da superfície
117   Não sei desistir
119   Eu só vou
121   Um bom dia para viver
125   Reconhecer-se nas pausas e nos recomeços
127   O segredo da liberdade é a coragem
131   O suficiente para quase me destruir
133   Caminha, que o caminho se abre
135   Dar a si mesmo uma chance de escolher uma nova história
137   Estou pronta. Pronta para viver
139   Gire a chave

Prefácio

Na tempestade, caminhei. Os passos eram pesados, encharcados, e eu tentava encontrar direção em meio ao caos. A chuva implacável insistia em me testar; cada gota, uma provocação; cada trovão, um desafio. Na tempestade, fui testada, minha força foi medida pela resistência ao vento e ao frio. Em meio ao turbilhão, empenhei-me, buscando firmeza onde parecia não haver chão.

Senti medo. Um medo que me envolvia como o manto escuro das nuvens. Molhei-me até os ossos e senti o peso da água e das minhas inseguranças. Gritei, um grito que se perdeu na vastidão da tempestade. Clamei por socorro, por abrigo, por um ombro amigo, talvez? Alguém?

Na tempestade, me encolhi. Sentei-me em bancos frios e gelados enquanto a chuva e as lágrimas caíam juntas, lavando e levando tudo o que precisava partir.

Foi uma purificação dolorosa, mas necessária. Cada lágrima, cada gota de chuva, ajudava a limpar as dores acumuladas.

Corri, mas não cheguei a lugar algum. Na tempestade, rastejei, acompanhada pelo som dos trovões que ressoavam dentro de mim. O céu nublado tornou-se um companheiro fiel. Éramos eu, as nuvens carregadas e a tempestade.

Essa foi a minha realidade durante muito tempo, muitos anos. Sem alento, sem ânimo, sem ajuda, sem ninguém.

Contudo, na tempestade me conheci. Na adversidade, descobri quem eu realmente era. Na tempestade, me escolhi, entre tantas versões de tudo que já fui. Aprendi a me amar, a valorizar minhas fraquezas e minhas forças. Descobri que ainda podia sonhar, mesmo quando tudo parecia desmoronar ao meu redor.

Então, certo dia, o tempo abriu. O sol rompeu as nuvens, e os primeiros raios de luz me visitaram. A luz me aqueceu e me devolveu a esperança. O sol me abraçou, e senti que a vida voltou a me amar. No sol, me permiti. Soltei os cabelos, fechei os olhos e abri espaço para o calor, o sabor, o amor que a vida desejava me dar. O amor que a vida sempre deseja *nos* dar.

Às vezes sol, às vezes tempestade. É assim que as flores crescem. É assim que nós crescemos. Entre a luz e a sombra, entre a chuva e o calor, de emoção em emoção aprendemos a florescer em qualquer estação.

ÀS VEZES SOL

21 de maio de 1986

Hoje quero compartilhar uma história pessoal cujo significado para mim é imenso. No dia 21 de maio de 1986, na cidade de Vila Rica, no Mato Grosso, às seis da tarde, eu nascia.

Reza a lenda, contada pela minha família, que, no meio do parto, o hospital ficou sem energia elétrica e os médicos tiveram que terminar a cirurgia utilizando lanternas. Imaginem só, nascendo na escuridão total, mas com um detalhe interessante: por algum motivo, vim para este mundo com "Luz" no nome. Muitas pessoas pensam que "Luz" é meu nome artístico, mas esse é de fato o meu sobrenome.

Acho incrível que essa tenha sido a forma como cheguei ao mundo, porque, se eu tivesse que definir o tema principal da minha história até o momento atual, com certeza seria a disputa entre a luz e a sombra na minha vida.

As sombras, para mim, são tudo o que nos impede de enxergar a nós mesmos como de fato somos; tudo o que impede que nos sintamos dignos de viver nossos sonhos e desejos; tudo o que nos impede de acessar nossa luz interior. Quando me refiro à luz, me refiro à pureza que existe na essência que cada um de nós carrega, na singularidade que nos torna únicos, insubstituíveis e especiais. As sombras trazem consigo todos os medos que nos paralisam e nos sufocam, todos os traumas, dores e memórias que nos feriram de maneira profunda e que, por vezes, ainda nos machucam.

Posso dizer com tranquilidade que os primeiros trinta anos da minha vida foram mais sombrios do que iluminados. Vivi momentos de extremos desafios, e a maior parte da minha adolescência e dos meus vinte e poucos anos foi marcada por uma profunda depressão, episódios extenuantes de ansiedade e crises de pânico. Cheguei ao ponto de não desejar mais viver, e isso é uma das coisas mais tristes que podem nos acontecer, porque a vida é o maior privilégio que existe. Viver é uma bênção, uma dádiva. O mundo é um lugar encantador, cheio de mistérios, belezas, surpresas e muitos presentes de autoria divina. E nós viemos aqui para usufruir de tudo isso, fazer valer a pena nossa passagem por aqui e viver de forma memorável nossa breve estadia neste planeta.

Por isso, gostaria de falar da importância de saber reconhecer, entender e lidar com as nossas sombras, para que possamos enfim testemunhar e viver sob a ótica da luz, da calma, da gentileza, da gratidão, dos bons sentimentos. Para ser franca, não acredito que seja possível alcançar um ponto em que não exista mais nenhuma sombra, até porque sinto que elas têm seu papel na nossa jornada evolutiva, mas podemos almejar um equilíbrio saudável. Para que alcancemos, no mínimo, um estado de consciência no qual saibamos receber e acolher os dias sombrios, mas não permitir que eles se estendam mais do que o necessário.

Criei uma historinha que me ajuda a transitar entre os períodos de luz e sombra. Imagino todos os sentimentos como se fossem pessoas, visitantes temporários que passam pela minha morada. Há dias em que preciso deixar entrar a dor e a tristeza.

Passo um tempo com elas, abro espaço para que me contem o que pretendem me mostrar. Escuto com atenção e, então, com toda a gentileza, peço que se retirem.

Há dias em que preciso dançar com a escuridão. Coloco uma música bonita e saio rodopiando com ela pelo salão da minha alma. Deixo-a me abraçar e me permito sentir. Qual a serventia de tudo o que as sombras estão me fazendo sentir? Danço, sinto, me questiono, entendo, aprendo e peço para que ela se vá.

Há dias em que o medo bate à porta. É óbvio que temo o medo. Contudo, mesmo com as pernas trêmulas, deixo ele chegar. Às vezes, ele sussurra boatos no meu ouvido que enviam ondas de calafrio pelo meu corpo. Às vezes, o medo simplesmente me diz: "Você não vai conseguir, é melhor nem tentar, seja lá o que for, não vai dar certo. Estou aqui para dizer a você que é melhor e mais seguro ficar onde você está, na sua zona de conforto." Às vezes, o medo me visita por dias, semanas, até meses. Sempre o mando embora, mas ele sempre volta. Às vezes, sou eu quem vai embora, e ele me segue. Eu o deixo vir e até seguro suas mãos. *Você pode até vir, medo, mas eu vou mesmo assim.* Eu e o medo temos uma relação um pouco tóxica. Jamais deixo de fazer algo por causa dele, insisto que ele precisa partir de uma vez, mas ele sempre encontra uma forma de se fazer presente, me rondando, me observando. Acho que preciso me acostumar com a sua presença.

Há dias em que abro as janelas, e o ar está mais puro, o sol brilha mais forte, e então a luz entra. A força da luz me abraça, faz carinho na alma, me consola e me sustenta. Nunca peço a ela que se vá, mas às vezes ela vai mesmo assim. No entanto, a cada encontro, tenho mais e mais certeza de que ela estará sempre disponível para mim, e isso me conforta.

Há dias em que a vida toca uma melodia diferente. Preparo-me, ansiosa, visto o melhor de mim, porque sei que quem se aproxima para mais uma visita são os meus visitantes favoritos: a alegria, a motivação, a fé, a força e a coragem. Chegam e me arrebatam, me pegam pelos cabelos e me levam para apreciar as vistas mais lindas, provar dos sabores mais deliciosos, sentir o aroma de uma vida feliz, plena e que vale a pena. Mas, cedo ou tarde, elas também se vão. Sempre peço a elas que fiquem um pouco mais, mas, assim como todos os outros visitantes, elas também partem. Partem, mas voltam, e, quando entendi isso, passei a dar valor a todas as visitas, até as que me trazem desconforto.

Entretanto, percebi ao longo dos anos que existe um visitante silencioso, gentil e cavalheiro que nunca se vai. Quase nunca o vejo, mas descobri que ele sempre esteve e sempre está por perto, pairando no ar. Ele me acompanha entre uma visita e outra; guiando-me entre os altos e baixos. **Quem nunca se vai é o amor.** O amor é tão sublime, generoso e protetor que nem sempre nos lembramos de que o temos por perto. Esse é o amor que devemos aprender a sentir por nós mesmos. Ele é o denominador comum, o único que pode nos lembrar do nosso valor, da nossa força e do nosso poder quando as sombras, as dúvidas e o medo nos chamam para conversar.

O amor que sentimos por nós mesmos é o que nos permite amar todo o restante. Por isso, não importam o dia, o desafio, a escuridão que assola ou a luz que a tudo ilumina, o amor é a resposta, a salvação. Ele é a chave para o equilíbrio saudável entre as nossas sombras e a nossa luz. Foi o amor que me trouxe até aqui, que me ergueu, me ensinou e me guiou até o caminho que eu estava destinada a trilhar.

Procure por ele nesta dança silenciosa da vida, nos dias escuros, nos dias tristes, nos dias felizes, procure por ele todos os dias e garanto que o encontrará.

O amor é a declaração mais bonita dAquele que nos criou, só Ele salva, só Ele conecta, só Ele cura.

Então, o que desejo a você, entre traços de sombra e vislumbres de luz, é que você ame. Que ame a si mesmo e que se permita ser amado.

A liberdade de ser quem eu sou é a minha arte

Houve um tempo em que a opinião alheia sobre mim tinha o peso de uma montanha que eu parecia carregar nos ombros. Eu vivia sob o olhar dos outros, a todo momento ajustando meus passos, minhas palavras e até meus sonhos para caber na expectativa dos outros. Era como se eu usasse um espelho emprestado para me ver que estivesse sempre distorcido e nunca fosse verdadeiramente meu.

Entretanto, algo mudou. Não foi de uma hora para outra, lógico. Foi uma transformação gradual, resultado de muitos momentos de introspecção e, confesso, muitas doses de dor. Aprendi, entre tropeços e acertos, que viver refém das percepções alheias é como caminhar com correntes nos pés: por mais que você se mova, nunca avança de fato.

Quando decidi que não iria me importar mais com a forma que as pessoas me enxergam, aprendi a me enxergar da forma certa. Aprendi a olhar para mim com olhos de quem conhece o caminho percorrido, e não só o destino. Aprendi a valorizar tudo o que me ajudou a chegar até aqui. Eu aprendi a me respeitar.

O processo de aprender a me enxergar começou com o simples ato de questionar quem eu era quando ninguém estava olhando. Quem era eu quando as cortinas fechavam e as luzes do palco da vida pública se apagavam? Descobri que havia muito mais em mim do que os rótulos que me colocavam, mais profundidade do que alguns dos rótulos superficiais sob os quais eu me escondia.

Enxergar-me da forma certa significou reconhecer minhas fraquezas e não ter vergonha delas. Significou entender minhas forças, não como armas para impressionar, e sim como ferramentas de construção de uma vida genuína. A autoaceitação não veio como uma concessão, mas como uma conquista, arrancada das garras de inseguranças antigas.

Compromisso com a nossa autenticidade

E ao aprender a me encarar assim, de forma lúcida e sem artifícios, a necessidade de aprovação externa começou a perder o brilho. Os julgamentos, antes tão temidos, passaram a ser recebidos com tranquilidade, porque eu sabia quem eu era e estava consciente do meu valor.

Hoje, caminho com a leveza de quem carrega apenas o essencial. Não estou imune às críticas, mas elas não definem mais meu rumo. Agora, quando me olho no espelho, vejo alguém que vive de acordo com as próprias expectativas, e não com as dos outros. Vejo alguém que não teme o reflexo, porque sabe que a imagem refletida é autêntica.

Afinal, descobri que a liberdade de ser quem sou é a minha verdadeira arte. E, nessa arte, cada um é tanto o pintor quanto a tela, sempre em processo, sempre em criação; não mais um reflexo de desejos alheios, e sim uma expressão pura do meu eu mais sincero.

Algumas verdades trazem desconforto e nos obrigam a agir e a tomar decisões que podem doer. Contudo, nada é mais valioso do que aceitar e compreender a realidade em sua pura forma. Quando escolhemos acreditar apenas na versão polida e ideal que criamos em nossa mente, a vida se torna uma grande fantasia. Fantasias geram expectativas que jamais serão atendidas, e expectativas não atendidas causam sofrimento, dor e frustração.

Por mais doloroso que possa ser, é importante enfatizar que, com frequência, escolhemos ignorar a verdade, porque o murmúrio enganoso das nossas ilusões parece mais atraente. É um convite tentador a permanecer em uma zona de conforto, evitando as mudanças e os desafios que a verdade pode nos convidar a nos submeter. Ao aceitarmos a realidade, mesmo quando ela é dura, abrimos a porta para um crescimento genuíno. Abrimos a porta das possibilidades que a vida deseja nos oferecer de bom grado. A verdade nos ensina sobre nossas limitações e nos aponta o caminho para superá-las. Ela nos faz enfrentar nossos medos, nos permite corrigir nossos erros e nos dá a oportunidade de viver com completude.

Para ser e viver de maneira plena é preciso coragem e compromisso com a nossa autenticidade. Remova o véu da fantasia de seus olhos espirituais e deixe que as coisas e pessoas se revelem como de fato são. Sua escolha a partir desse ponto determina quem você é e quem quer ser.

Nem tudo que o coração guarda pode ficar

Carregamos dentro de nós pessoas, momentos e sonhos que, embora tenham deixado marcas profundas, não estão destinados a seguir conosco. O coração mantém esses afetos, no entanto, a vida, com seu ritmo próprio, nos faz deixar para trás o que não se adéqua mais. O que se foi não perde seu valor; continua vivo em cada sorriso, cada lágrima, cada lição que levamos adiante.

A tensão entre o que permanece em nós e o que parte é o que nos fortalece. A saudade deixa de ser um peso e se transforma em estímulo, enquanto as lembranças refinam nosso olhar para o que virá.

Cada despedida, cada recomeço, traz consigo a promessa de crescimento. A vida, afinal, é um constante exercício de deixar ir para abrir espaço para o novo. E o que fica no coração, mesmo ausente no ciclo em que estamos vivendo, é o que nos move, o que nos define, com uma força que não se perde, e sim se transforma.

Viver com coragem e propósito, aqui e agora

Durante a infância, muitas vezes carregamos pesos que não nos pertencem. No meu caso, esse fardo foi a culpa pela infelicidade dos meus pais, cuja separação marcou meus primeiros anos. Por muito tempo, senti como se fosse responsável pelo sofrimento deles, como se pudesse ter prevenido a tristeza que envolvia nossa vida e nosso lar.

Ao longo do tempo, percebi que essa questão não era minha. Enfim, consegui me libertar ao entender que minha responsabilidade se limitava à minha vida e felicidade.

Nem eu, nem qualquer um de nós é responsável pela felicidade dos outros, nem mesmo das pessoas que mais amamos. A única coisa que está ao nosso alcance é como escolhemos viver a nossa vida.

Deixar essa culpa para trás foi um passo importante na minha busca pela paz. Entendi que honrar a vida que meu pai e minha mãe me deram não significava ignorar o passado, e sim viver com autenticidade no presente sem permitir que as dores sentidas se transformassem em algemas invisíveis. A melhor maneira de valorizar a vida que eles me deram é me dedicar a buscar minha realização e alegria sem me sentir culpada por experienciar coisas que eles não puderam, por crescer e evoluir de formas que eles não foram capazes. Existia em mim uma crença cravada no mais íntimo do meu ser que me dizia que eu não deveria, não merecia desfrutar da prosperidade se os meus pais não tiveram a mesma oportunidade.

Levei quase uma vida toda para entender todos esses aspectos inconscientes que me impediam de avançar, de ser feliz, de ser livre e de me sentir digna de ocupar lugares que o Universo me convidava a ocupar.

Pude, enfim, fazer as pazes com o presente quando entendi que a melhor maneira de honrar meu passado é viver com coragem e propósito, aqui e agora.

A vida que me foi proporcionada é um presente precioso. A maneira mais sincera de agradecer a meus pais por tudo é viver da melhor forma possível, reconhecendo os sacrifícios que fizeram para que eu seguisse meu caminho.

Retribua o amor, a dedicação e o esforço dos seus pais, não por sentir-se em dívida, e sim por gratidão. E, mais importante do que tudo, busque autoconhecimento, dedique tempo para curar-se do que te machuca, vá atrás de seus sonhos e seja feliz!

Escolho proteger minha paz

Acredito que as pessoas são capazes de mudar. Elas podem aprender com seus erros e crescer com as lições da vida. Contudo, quando alguém me machuca profundamente, entendo que essa mudança não significa que a pessoa precise continuar na minha vida.

Perdoar, para mim, é um ato de libertação. Quando decido perdoar, estou escolhendo deixar para trás a mágoa e o rancor que poderiam me aprisionar no passado. Sigo em frente mais leve, sem carregar o peso do que me feriu. No entanto, perdoar não implica necessariamente permitir que essa pessoa volte a ocupar um lugar em minha vida.

Acredito que todos merecem uma segunda chance, mas nem sempre cabe a mim oferecê-la. Prefiro deixar que a vida, com sua sabedoria, dê essa oportunidade a quem errou. Eu, por outro lado, escolho proteger minha paz e meu bem-estar a uma distância segura de quem, em algum momento, não soube valorizar a confiança que depositei.

Perdoar é algo que faço por mim. É uma maneira de cuidar de mim mesma e não permitir que as dores do passado definam o meu presente. No entanto, o perdão também traz a compreensão de que algumas pessoas, mesmo mudando, não precisam me acompanhar em minha jornada. E está tudo bem assim.

O céu dentro de você

Haverá sempre momentos na vida em que tudo parece desabar ao nosso redor. Nessas horas, é natural olhar para cima, como se as respostas estivessem em algum lugar lá no céu. Temos a tendência de procurar soluções externas quando já deveríamos saber que as respostas sempre residiram em nós mesmos. O céu também pode estar dentro de você.

Todas as vezes que me lembro da famosa frase de Salvador Dalí, "O céu não está em cima, ou embaixo, ou à direita, ou à esquerda; está no centro do peito do homem que tem fé", lembro que devo parar de procurar tão longe por algo que está bem perto — dentro de nós.

Passamos tanto tempo buscando sentido em conquistas externas, em outras pessoas, em lugares que acreditamos serem mágicos, que esquecemos onde a verdadeira magia reside.

O céu que Dalí menciona não é um lugar físico, e sim um estado do ser. Ele está naquele momento em que você sente uma paz inexplicável, mesmo inserido em cenários improváveis. Está na força que surge quando tudo parece perdido. Está no amor que você oferece, mesmo quando o mundo parece frio, mesmo quando você já foi machucado inúmeras vezes, mas nada é capaz de impedir você de sentir e oferecer amor. E não me refiro aqui ao amor romântico, precisamos lembrar que o amor é a força motora da vida e não está relacionado apenas a ter ou estar com alguém.

Contudo, para acessar esse céu, você precisa de fé. Não apenas confiança em algo maior como também autoconfiança. Fé em que, mesmo quando as coisas não fazem sentido, há um propósito. Fé em que você é capaz de enfrentar o que vier, pois dentro de você há um espaço sagrado, intocado por qualquer tempestade externa.

Esse céu interior é a sua ancoragem. É onde você encontra força para se levantar da cama nos dias ruins, onde descobre a capacidade de perdoar e de progredir. Esse céu é onde você percebe que, apesar de tudo, há algo em você que é inabalável.

Ao parar de olhar para fora e começar a olhar para dentro, você percebe que já possui tudo de que precisa para superar qualquer desafio. Descobre que o céu não é um lugar que você alcança, e sim uma realidade que você constrói dentro de si.

Então, quando as coisas ficarem difíceis — e elas vão ficar — lembre-se de que o seu céu está aí, bem perto, dentro de você. Ele é o seu refúgio, a sua força, a sua verdade. E ele está à sua disposição, sempre que você precisar. Afinal, o céu que buscamos é apenas o reflexo da fé que cultivamos.

Liberdade é se livrar do que te aprisiona por dentro

Liberdade é questionar tudo o que te disseram sobre quem você deveria ser e finalmente escutar a própria voz. A vida não é um roteiro pronto, nem uma lista de expectativas para cumprir. É uma viagem de volta para casa, um reencontro com você mesmo, com uma parte sua que sempre esteve ali, esperando para ser vista.

Amor-próprio não tem nada a ver com se encaixar numa ideia perfeita de autoestima, e sim com se enxergar de verdade — toda a sua totalidade, sem medo, sem ressalvas. Tem a ver com deixar ir o que não é seu, desapegar do peso que te fizeram carregar, e perceber que você já é inteiro.

Então, se dê tempo. Crie espaço para se conhecer; para se reconectar com sua essência sagrada e divina; para respirar, para sentir, para não precisar ter todas as respostas agora. O mundo continua girando, mas nada disso importa se você não estiver presente em si mesmo.

No fim das contas, liberdade é isto: se pertencer.

Se a bagunça não é sua, não se sinta obrigado a organizá-la

Às vezes, é preciso ter a coragem de olhar para certas situações e reconhecer que, se a bagunça não foi criada por nós, não somos obrigados a organizá-la. É nobre e gentil querer ajudar, salvar ou até mesmo consertar pessoas que estão quebradas, mas devemos lembrar que nossa responsabilidade tem limites. Sendo uma pessoa muito empática, esse sempre foi um dos meus maiores desafios. Eu costumava colocar a felicidade e o bem-estar dos que amo antes dos meus, o que não é saudável, tampouco sustentável no longo prazo. E como era de esperar, ao agir assim, me decepcionei, me machuquei e fui prejudicada em inúmeras situações.

O desejo de apoiar os outros e fazer a diferença é de fato algo admirável e muitas vezes é o que nos motiva a agir.

No entanto, é importante reconhecer quando estamos carregando um peso que não nos pertence e entender que é saudável e extremamente necessário estabelecer limites. Nossa capacidade de ajudar deve ser equilibrada com a consciência de que não podemos assumir o controle total dos desafios alheios.

Em vez de nos sentir culpados por não conseguir resolver tudo, podemos oferecer nosso apoio de maneira compassiva, sem nos perder na missão de consertar o que foge ao nosso alcance. Às vezes, a melhor forma de ajudar é ser um companheiro solidário, respeitando os limites e as jornadas individuais. É preciso saber o momento de apoiar e o de permitir que os outros encontrem as próprias soluções. Respeitar os nossos limites é um ato de amor e respeito tanto por nós mesmos quanto pelos outros.

Não se deixe para depois

É que a vida não espera. Ela acontece agora, enquanto você decide entre o medo e a coragem, entre o conformismo e o risco. Cada segundo que passa é uma oportunidade que não volta, um presente que se esvai.

A vida chama você para mergulhar, para viver com intensidade, para fazer escolhas que ecoam na alma. Esperar o momento perfeito é perder o tempo precioso que se tem. A vida, em sua imperfeição, é precisamente o palco perfeito para quem ousa se mover, se reinventar e aprender.

Não se trata de ter tudo planejado, e sim de seguir sonhando, desejando e trabalhando por tudo que faz nosso coração vibrar mesmo sem todas as respostas. A vida segue. E, por mais que tentemos desacelerar, ela sempre nos lembra de que agora é o momento de agir, amar e ser. Não deixe sua felicidade para depois. Não se deixe para depois.

Apenas ser.
Apenas viver

Talvez este seja o momento em que o Universo lhe peça para, enfim, se colocar em primeiro lugar. Fazer desta estação a sua estação de vida. Um tempo em que você descobre o poder de se amar mais do que jamais imaginou, em que você se faz feliz de um jeito tão genuíno que confunde quem o observa. Essas pessoas, acostumadas a ver você se diminuir e aceitar o mínimo, podem se surpreender, pois estavam habituadas a vê-lo renunciar aos seus desejos, negligenciando o que é importante para você, apenas para que elas se sintam confortáveis.

Agora, no entanto, quem sabe seja a hora de recuperar o seu poder, lembrar-se da sua força. Este pode ser o momento de renascer, de se refazer e recomeçar. Os sonhos que você deixou de lado por causa das dificuldades da vida e as vontades sufocadas pelas frustrações estão à espera de uma nova chance. Talvez você tenha se convencido de que sonhar é em vão, que nada vai dar certo para você.

E se eu lhe disser que pode, sim, dar certo? Que você não só pode sonhar como também deve? Talvez este seja o capítulo em que você começa a escrever uma nova história, em que você é o protagonista que escolhe, sem medo e sem culpa, priorizar a própria felicidade. Lembre-se: é a sua vida que está em jogo, e você merece vivê-la, de acordo com os seus desejos, e não com as expectativas dos outros. Então, tenha coragem. Tenha coragem para fazer as mudanças necessárias e se apresentar ao mundo do jeito que você é, sem pedir desculpas nem permissão. Apenas ser. Apenas viver.

Nós estamos aqui para isto: *viver*. Então o que você está esperando?

Eu me recupero no silêncio

É nesse espaço livre de barulhos e distrações que reencontro o meu eixo. Na solitude, tenho a oportunidade de me ouvir profundamente e sentir a presença mais importante: a minha. Longe das expectativas alheias, quando estou em contato apenas comigo mesma, percebo que resgato o que há de mais essencial em meu ser.

Nesse momento de recolhimento, não me sinto só; estou em sintonia comigo. É nesse reencontro íntimo que reavivo a força que, aos poucos, vai se esvaindo no ritmo frenético do dia a dia.

Aqui, posso respirar com calma, acolher-me e reestruturar-me. Descubro, na quietude, um espaço para reorganizar meus pensamentos e entender o que de fato tem valor.

O processo de recuperação exige paciência e amor. Não há pressa nem cobranças. É um ato de profundo respeito a si, uma escuta interna que nos permite aceitar nossas fragilidades e valorizar nossas virtudes. No silêncio encontramos nossa verdade.

Quando mais precisamos de atenção e cuidado emocional, mesmo que possamos contar com o apoio dos que nos amam, o amor que cura e transforma de verdade é aquele que conseguimos oferecer a nós mesmos.

Este capítulo é sobre mim

Este capítulo da minha vida é sobre me escolher. Sobre me amar com vigor e intensidade, sem esperar que o mundo me diga que estou no caminho certo. É sobre me fazer feliz, sobre estar confortável com as minhas verdades, com os meus desejos. É sobre, enfim, me colocar em primeiro lugar sem sentir culpa ou precisar de aprovação.

É aqui, no centro do meu amor-próprio, que encontro força no que sou. Tudo o que fui até hoje me trouxe lições que me ajudaram a me aceitar e a me reconhecer, sem máscaras, sem medo. Cada parte de mim tem seu valor. E não cabe a mais ninguém definir o meu caminho.

Quero me vestir de liberdade, me perfumar de coragem e, quando perguntarem por mim, quero que apenas saibam que estou por aí, vivendo, e não só sobrevivendo. Quando perguntarem por mim, quero apenas que saibam que estou por aí, sendo, com vontade, com calma e com alma.

Sem seguir roteiros, sem carregar expectativas alheias. Estou escrevendo a minha história, com autenticidade e autonomia. E, neste novo capítulo, a única validação que importa é a minha.

Respirar fundo e ouvir o que vem de dentro

Às vezes, esquecemos quem somos de verdade. A vida vai passando e, sem perceber, perdemos o contato com aquilo que faz nosso coração bater mais forte. A ligação entre a mente e o coração fica silenciosa, como uma linha que se rompe em meio ao barulho do mundo. Olhamos no espelho e vemos um reflexo de um rosto que já não reconhecemos mais, uma imagem embaçada que nos confunde.

É como se o dia a dia nos cobrisse com uma camada de poeira, escondendo nossa verdadeira essência. Vamos seguindo os caminhos que colocam diante de nós, mas com a sensação de que algo importante ficou para trás. Aquele brilho nos olhos, a alegria de quem sabe exatamente quem é, parece ter se apagado.

Contudo, em um momento inesperado, uma pausa acontece. Pode ser o sopro do vento, a melodia de uma música que nos emociona, ou um raio de sol que escapa entre as nuvens. E, nesse instante, algo desperta. Uma lembrança suave nos envolve, mostrando que, para nos reencontrarmos, basta parar, respirar fundo e ouvir o que vem de dentro.

A verdade é que nossa alma nunca nos abandona. Ela apenas espera, paciente, que nos lembremos de olhar para dentro, de escutar o silêncio e redescobrir quem somos de verdade. E, quando enfim fazemos isso, percebemos que a chama que nos define ainda se faz presente, pronta para iluminar nosso caminho de volta para nós mesmos.

É melhor andar sozinho na verdade do que acompanhado na mentira

Não me agrada replicar o que todos estão fazendo, vestindo ou postando apenas para me encaixar. Gosto de celebrar a minha autenticidade, fazer as coisas do meu jeito, no meu tempo. Gosto de fazer o que faço porque é um desejo verdadeiro, algo que reflete a minha essência, e não porque todos estão fazendo. Vivemos em um mundo onde muitos se perdem em papéis que aceitaram interpretar, em personagens criados apenas para se sentirem aceitos, para terem o sentimento de pertencimento. Entretanto, há um preço nisso, e a conta sempre chega.

O efeito manada tem um custo: a perda de si mesmo. É o vazio que se instala quando negamos nossa essência e vestimos máscaras para agradar ou pertencer. Pode até ser que em alguns momentos a ideia de entrar na onda das "trends" traga uma falsa sensação de acolhimento. Cedo ou tarde, no entanto, *a falta de verdade* pesa. É um fardo levar uma vida que não é nossa, sustentar uma imagem que não reflete nosso coração.

Por isso, escolho caminhar no meu ritmo, ouvindo o que vem de dentro, mesmo que seja contra a maré. Porque ser fiel a quem somos é o único caminho para viver com leveza, e viver com leveza é a única forma de encontrar paz. No fim, é melhor andar sozinho com a verdade do que acompanhado na mentira.

Onde nossa luz não apenas sobreviva, mas onde nossa luz também brilhe

A nossa energia é algo precioso demais para que todos tenham fácil acesso. Em nossa jornada, encontramos pessoas que nos enchem de luz, que nos recarregam com sua presença e nos fazem sentir mais fortes, mais vivos. Contudo, também cruzamos com aquelas que, de maneira quase imperceptível, drenam nosso espírito, sugam nossa vitalidade e carregam no olhar um desejo silencioso de nos ver tropeçar.

Por isso é tão importante nos protegermos. Aprender a reconhecer quem nos faz bem ou mal é uma habilidade que desenvolvemos com o tempo, ao escutar com atenção o que nosso coração sussurra em momentos de silêncio. Nem sempre é fácil, pois muitas vezes as máscaras são belas, e as intenções, bem escondidas. Entretanto, ao escolher com cuidado a quem doamos nosso tempo e espaço, temos a chance de nos preservar.

É necessário aprender a discernir melhor, a construir cercas invisíveis que defendam o que temos de mais valioso. Ao fazer isso, nos cercamos de pessoas que nos elevam e afastamos aquelas que, ainda que de maneira discreta, desejam ver o nosso fracasso. É um compromisso com a nossa paz e um lembrete de que merecemos estar em lugares onde nossa luz não apenas sobreviva, mas também brilhe.

A verdade que levo comigo em cada passo

Minha premissa é simples: trabalhar em silêncio, com honestidade e humildade. Não preciso de holofotes, de aplausos, nem de provar nada a ninguém. O que faço, faço de coração, sem ego e sem buscar atenção. Em cada passo que dou carrego a força das minhas convicções, pois sei que a verdadeira recompensa não vem do olhar dos outros, e sim da certeza de saber que fui fiel a mim.

Acredito que, quando agimos dessa forma, sem nos desviar do que acreditamos, o Universo encontra seu jeito de alinhar as coisas. Ele trabalha nos bastidores, sem pressa, conectando pontos que nossos olhos não são capazes de ver. E é nisso que deposito minha confiança, sabendo que tudo tem seu tempo e que o que é genuíno sempre encontra seu caminho.

Acreditar nisso é o que me permite avançar com a certeza de que o importante é ser quem sou, fazer o que posso e deixar que o restante se encaixe por si só. A serenidade do meu esforço carrega uma força que não precisa de palco, apenas da verdade que levo comigo em cada passo.

Respeito não se pede, se cultiva

Em algum ponto, percebemos que é hora de nos priorizar, de não mais implorar por atenção nem aceitar migalhas. Aprendemos que o tempo é o bem mais precioso que temos e que quem se importa de verdade nunca vai tratá-lo com descaso.

Ninguém é obrigado a entender o que é importante para nós, mas somos responsáveis por deixar evidente o que não toleramos.

Se há algo que entendo agora é que o respeito não se pede, se cultiva. É a consequência de quem sabe seu valor, de quem se posiciona com firmeza e gentileza, sem precisar provar nada a ninguém. Respeito é reflexo da forma como você se trata, das linhas que traça e das verdades que vive.

É por isso que hoje, ao primeiro sinal de desinteresse, de desconsideração, em qualquer cenário, escolho me retirar, sem muitas explicações. Não vou tentar convencer ninguém do meu valor, não vou insistir para ser vista da forma que desejo. A vida é breve demais para me dedicar a quem não consegue me tratar com a dignidade e o cuidado que ofereço.

Não é que me falte amor ou paciência; é que já perdi tempo demais tentando explicar o óbvio. Hoje, escolho honrar o que sinto, proteger o que construí e valorizar quem de fato está ao meu lado. E isso inclui saber a hora de partir.

Estar só e sentir-se só são coisas diferentes

Quando você se preenche de si, a solidão não tem onde ficar. Estar só e sentir-se só são coisas diferentes, e essa diferença muda tudo. A solidão é um buraco, um eco que volta vazio, uma busca sem resposta. A solitude, no entanto? Ah, essa é um presente.

    Nutrir-se de si é um sinal de apreço pela própria essência que vai além dos clichês e das frases feitas. É a prática de se conhecer tão bem a ponto de encontrar conforto nas próprias sombras. É ter coragem de ouvir o que o coração cochicha quando o mundo fica em silêncio do lado de fora. Quem aprende a se completar descobre que existe um espaço interno, um abrigo que não precisa de aplausos nem de permissão para ser habitado.

È, quando isso acontece, algo bonito surge. O mundo passa a ser um lugar de encontros, e não de resgates. As pessoas que entram na sua vida não chegam para tapar buracos, e sim para dançar a música que tem dentro de você. Elas se tornam parte de uma melodia, e não o refrão que salva.

Encher-se da própria presença é despertar uma luz interior que resiste tanto aos dias radiantes quanto aos sombrios. É descobrir que, ainda que o mundo esteja distante, há em você uma chama suave que diz: você é o seu lar, sua melhor companhia. E, com essa verdade, a solidão perde o ímpeto de se aproximar.

O verdadeiro elixir da nossa salvação

A autoestima não é um presente; é uma conquista. É algo que se constrói ao longo do tempo, com paciência e muita dedicação. Amor-próprio é um exercício diário, e não só uma palavra bonita para uma legenda ou uma moda passageira. Se amar, se cuidar e se priorizar é, de fato, o verdadeiro elixir da nossa salvação. Não há nada mais poderoso e precioso do que isso.

Assuma essa responsabilidade consigo mesmo. Foque nos seus objetivos e em tudo o que contribui para que você se sinta mais confiante, feliz e realizado. Lembre-se de que essa jornada exige esforço, mas cada passo é um sinal de que você está se valorizando.

Dedique tempo e atenção ao que nutre seu crescimento e fortalece a conexão com quem você é de verdade. Reserve momentos para se ouvir com sinceridade, se respeitar em cada escolha e se reerguer sempre que necessário. Não desista até que, lá no fundo, você sinta que cada esforço valeu a pena — pois cada ato de autocuidado é um testemunho de como você se percebe e do quanto se ama. Lembre-se: você é o investimento mais precioso e permanente da sua vida.

ÀS VEZES TEMPESTADE

O sabor da mudança

Para mim, a vida precisa ter gosto, um sabor intenso que nos proporciona imensa satisfação ao degustá-la. E, em uma reviravolta surpreendente, me vi perdendo o apetite pelo lugar que me recebeu, me ensinou, me moldou e se tornou minha casa desde que saí do Brasil, meu país de origem: Londres. Eu costumava amar Londres como se não houvesse nenhum outro lugar no mundo em que pudesse ser feliz senão lá. Eu amava os dias cinzentos, chuvosos e melancólicos. Amava os invernos longos e intermináveis. Entretanto, de repente, tudo isso passou a me incomodar.

Voltando de uma das tantas viagens que fiz em 2023, enquanto eu admirava a paisagem de dentro do táxi que me trazia do aeroporto para casa, esta verdade cortante me arrebatou: eu não estava mais feliz no meu lugar favorito no mundo.

Como isso aconteceu? Como o amor que nutrimos por um lugar pode, de repente, parecer apenas um eco distante de um passado em que não mais nos reconhecemos? A resposta, creio eu, está no constante estado de mudança que nos define como seres humanos.

Londres não tinha mudado; eu é quem tinha. Os prédios, as pontes, os parques, tudo estava exatamente igual, mas eu buscava novos horizontes, novos sabores. A cidade que uma vez fora o epicentro de todas as minhas aventuras e meus sonhos agora parecia mais um retrato na parede de uma vida que eu já não mais queria.

A melancolia dos dias acinzentados, antes um convite para introspecção e criação, agora pesava sobre mim como uma cortina que bloqueia a luz do sol. Os invernos, antes acolhedores em seu convite para o recolhimento, agora se arrastavam como convidados que não sabem a hora de ir embora.

Sentia-me desconectada, deslocada, quase como uma estranha na cidade que já amei tanto. Foi uma sensação desconfortável, mas libertadora também. Reconhecer que o meu paladar pela vida buscava novos gostos era o primeiro passo para uma nova jornada. Decidi, então, que era hora de explorar, de provar novos ares; talvez mais quentes, mais vibrantes, ou apenas diferentes.

Assim, Londres passou de minha casa eterna a uma parte querida do meu passado. Uma parte que sempre terá um espaço reservado no meu coração, mas que agora cedia lugar para novas descobertas.

O mundo é vasto e cheio de sabores, e eu estava pronta para provar todos eles. Enquanto o táxi me conduzia pelas ruas ainda familiares, mas já não tão acolhedoras, um pensamento me evocou um sorriso: *não é que Londres tenha perdido o sabor; é que meu paladar pela vida anseia por novidades*. E, assim, com a bagagem de anos e memórias, eu estava pronta para recomeçar em algum lugar novo, onde a vida me pareceria intensa e saborosa outra vez. Afinal, mudar é preciso, não apenas para sobreviver como também para verdadeiramente viver.

A emoção nos leva a lugares que a razão jamais ousaria pisar

Em algum canto escondido da nossa mente, uma batalha silenciosa se trava toda vez que nos encontramos diante de uma decisão importante. De um lado, a Razão, com sua postura firme, tenta nos convencer com lógica e fatos. Do outro, a Emoção, guiada pelo coração, nos puxa para caminhos que nem sempre entendemos.

É como se nossos pensamentos fossem divididos entre dois lados opostos, cada um lutando com os próprios argumentos. A Razão usa uma armadura de racionalidade e tenta nos levar pelo caminho mais seguro, pelo que já foi testado e comprovado. Ela nos fala baixinho e apresenta prós e contras, dados precisos e certezas, sempre na busca da melhor escolha sob a luz da lógica.

Contudo, vem a Emoção, com sua energia intensa, nos levando por estradas inesperadas. Ela nos faz sentir antes de pensar, nos estimula a agir pelo que mexe com a gente, pelo que desperta algo dentro do peito. É o que nos faz humanos, o que nos conecta de forma tão profunda aos outros, muito além do que a lógica poderia explicar.

Dentro de nós, mente e coração estão sempre em disputa. E, na verdade, não há um vencedor definido. Porque, às vezes, a lógica falha diante da complexidade do que somos, e a emoção nos guia por lugares nos quais a razão jamais se aventuraria.

Será que a lógica é só uma tentativa humana de trazer ordem para um mundo que, por si só, é caótico? Ou será que, nessa batalha constante, existe uma verdade maior, uma sabedoria que vai além do nosso entendimento?

Talvez a resposta esteja exatamente nesse confronto, nesse equilíbrio entre razão e emoção, entre mente e coração. Porque é na mistura desses opostos que o enredo da vida se desenrola. A sabedoria, talvez, seja entender que precisamos de ambos, que lógica e sentimento se completam, e que é na harmonia entre eles que encontramos nosso caminho.

Com olhos que enxergam além

Eu envelheci. Estou envelhecendo. Isso me assusta e, ao mesmo tempo, me conforta. Amo a mulher que sou hoje e, embora respeite, acolha e entenda as falhas da menina que um dia fui, olho para trás e sinto calafrios ao constatar que minha ingenuidade serviu de munição para muitas das coisas que me fizeram sofrer. Em paralelo, foram essas mesmas coisas me proporcionaram crescimento, logo, é impossível não ser grata a todas elas.

Hoje, embora menos ingênua, ainda preservo em mim a vontade constante de acreditar no melhor das pessoas e da vida. Não quero nunca que essa parte de mim morra. Quero ter 100 anos (se eu chegar lá) e seguir acreditando que há sempre algo bom por vir. Entretanto, o que também não quero que morra é a lucidez que os anos vividos me trouxeram. A lucidez de reconhecer a realidade tal qual ela é, mesmo quando a versão que a vida me apresenta é diferente daquela que criei em minha mente.

Envelhecer trouxe consigo uma compreensão mais profunda de quem sou e do mundo ao meu redor. Cada ruga, cada marca, conta uma história de batalhas travadas, de vitórias conquistadas, de lições aprendidas. Aprendi a estimar a sabedoria adquirida com o tempo, a paciência que foi aumentando depois de cada desafio superado e a adaptabilidade fortalecida por cada recomeço.

Desejo acreditar que é viável ser prático, observar e aceitar a vida como ela se apresenta, sem abandonar o otimismo, mesmo quando tudo parece sugerir o contrário. É um equilíbrio delicado, um exercício contínuo de fé e discernimento. A realidade pode ser difícil de encarar, mas não precisa dissipar a esperança. O realismo não precisa ser sinônimo de ceticismo; pode ser um convite a uma esperança fundamentada, a uma confiança madura que reconhece os desafios, mas também enxerga as possibilidades.

Envelhecer é um privilégio. É um processo de constante transformação, em que aprendemos a nos adaptar, a nos reinventar e a encontrar beleza nas mudanças. É aceitar que a vida é uma mistura de luz e sombra, e que ambas são necessárias. A juventude pode ter sido repleta de sonhos e expectativas, mas é na maturidade que encontramos a perspicácia e a serenidade que nos permitem navegar pelas tempestades com graça e coragem.

Eu quero continuar acreditando na bondade, na possibilidade de dias melhores, e na força do amor. Quero carregar comigo a inocência da menina e a sabedoria da mulher. Quero viver cada dia com a convicção de que, independentemente do que a vida trouxer, serei capaz de enfrentar, aprender e crescer

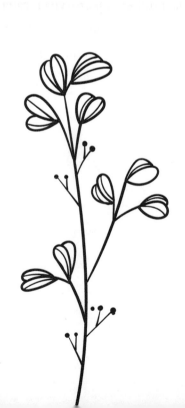

O meu barco também precisa de portos seguros para atracar

Uma das coisas que sempre me entristeceram na vida é sentir que sou e sempre fui um porto seguro, onde as pessoas se sentem confortáveis para atracar, desabafar e deixar um pouco do seu lixo emocional. Elas partem mais leves, e eu fico ali, carregando o peso de suas dores e histórias, suportando as minhas dores e histórias em silêncio, porque *quase* ninguém me ouve.

Um dia, escrevi um pequeno texto que dizia: "Quando eles falam, você escuta. E quando você fala, eles te escutam? Quando você fala eles te escutam com a intenção genuína de te fazer sentir acolhido e visto de fato?" Doeu constatar que minha resposta era que não, eles não me ouvem. Seria minha culpa? Será que fui tão complacente a vida toda que transmiti a ideia de que minhas necessidades não importavam tanto quanto as dos outros?

Não, acho que não. Não quero e não devo me culpar mais. Por que o problema há de ser sempre eu? A verdade é que o meu barco também precisa de portos seguros onde atracar. Minha vulnerabilidade também precisa de abraços nos quais descansar. Eu preciso e mereço ser ouvida, ser vista. Minhas necessidades precisam ser reconhecidas, porque esse é um direito, um merecimento de todos nós.

Minha vontade, meus sonhos, meus desejos, meus medos, minhas dores, minhas alegrias, minha história — tudo isso importa. Eu sou digna. Você é digno. Nós somos dignos. Não se esqueça disso. Não seja tão bom com os outros a ponto de negligenciar as próprias necessidades. Há uma verdade básica, que pode até parecer um clichê, mas que é essencial lembrar e implementar: seja gentil com os outros, porém, acima de tudo, seja gentil consigo mesmo.

É essencial que reconheçamos nossa dignidade e a importância das nossas necessidades. Aprendi que não é errado desejar atenção, carinho e um espaço seguro no qual também possamos desabafar. Devemos apoiar os outros, mas também necessitamos de alguém que nos apoie com a mesma dedicação que estamos sempre prontos a oferecer. Reciprocidade! A vida é uma via de mão dupla.

Errar, rever, aprender a continuar

Mudar de ideia. Rever e refazer a lista de prioridades. Cortar o cabelo, mudar de estilo, trocar de profissão, mudar de cidade. Terminar um relacionamento, ir embora. Fazer novas escolhas.

Li um capítulo do livro *A arte da boa vida*, de Rolf Dobelli, e, apesar de não concordar com quase nada do livro, um trecho em que o escritor discute a normalização das mudanças me marcou. Ele usa um termo que achei muito adequado. Correção. Autocorreção. Corrigir e interferir na jornada alheia não nos compete. Corrigir a nós mesmos, no entanto, é nosso dever.

Nossa vida é uma constante jornada de errar, rever, aprender e continuar. Não espere trilhar um caminho sem desafios por uma vida equilibrada só com momentos felizes, coisas boas, pessoas de bom coração. Não é assim que acontece na prática. Não importa quão perfeita a vida de alguém pareça, todos enfrentarão desafios. Desafios são convites. Fases ruins são oportunidades. E nós somos os detentores do poder de escolher, decidir, agir, mudar, corrigir, tentar e fazer acontecer. O que quer que seja, independentemente do momento.

Somente nós podemos mudar, nos moldar e definir o rumo que queremos seguir. Isso não deve ser encarado como algo temível, e sim como uma chance contínua de evolução. A mudança faz parte do processo de crescimento, e, quanto mais cedo aceitarmos que ela é inevitável, mais preparados estaremos para lidar com os percalços que surgirem.

No capítulo que mencionei, o autor ressalta que a autocorreção deve ser interpretada como um indicador de força e maturidade, e não de fraqueza ou arrependimento. Ser capaz de reconhecer que algo não está funcionando, que precisamos ajustar o curso e tentar outra vez, é o que nos permite avançar com mais sabedoria, confiança e força de ação.

Portanto, qualquer aspecto da sua vida que você sinta necessidade de mudar é válido. Pode ser algo pequeno, como a reorganização de hábitos diários, ou grande, como a reavaliação de metas de vida. Lembre-se: mudar faz parte do processo de viver. E experimentar a vida em toda a sua riqueza significa aceitar as mudanças e vê-las como uma oportunidade de fazer melhor, ser melhor. Algumas mudanças são inevitáveis e, se não as fizermos por conta própria, o destino as fará por nós, muitas vezes nos obrigando de forma dolorosa a olhar para aquilo que sabemos que precisamos mudar, mas que acabamos sempre postergando por medo. Existe um ditado popular sobre mudarmos pela dor ou pelo amor. Acredito que todas as mudanças significativas trazem uma pitada de dor, mas, se escolhermos fazê-las por amor, principalmente por amor a nós mesmos, todos os processos ficam um pouco mais suportáveis. Tenha mais medo de permanecer o mesmo, de não sair do lugar, do que do risco da mudança.

Seja forte e corajoso! Vá viver! As infinitas possibilidades esperam você de braços abertos!

Nunca vai existir um momento melhor para estar vivo do que este

Exatamente aqui, exatamente agora. E é triste perceber como, tantas vezes, a gente passa pela vida esperando pela "próxima grande coisa": a próxima conquista, o próximo acontecimento, o próximo capítulo. Ficamos tão presos no que vem depois que nos esquecemos de realmente viver no único lugar onde a vida acontece: o agora.

O tempo, do jeito que a gente conhece, é só uma ilusão. Uma história que aprendemos a acreditar, uma forma de organizar a vida — mas ele não é real. O passado? Só memória. O futuro? Apenas uma ideia. O que existe, de verdade, é isto: o ar entrando nos pulmões, o chão sob os pés, os pensamentos passando pela mente. Este momento, fugaz e eterno ao mesmo tempo, é a única coisa que temos.

Mesmo assim, a gente vive como se o tempo estivesse "passando". Trocamos a riqueza do agora pela promessa de um "depois". Adiamos a alegria, deixamos a gratidão para mais tarde, guardamos nosso amor para um futuro hipotético e perfeito. Mas a verdade é: esse momento perfeito nunca chega. Só existe o agora. E ele já é suficiente — ele é tudo.

Então, pare de esperar. A vida está acontecendo agora, na forma como a luz entra pela janela, no ritmo da sua respiração, nos espaços silenciosos entre os seus pensamentos. Essa é a sua história — não um ensaio, não um sonho distante. E a vida é crua, real e sua para ser vivida.

Não deixe que a ilusão do tempo roube a beleza que já está aqui. Este momento é a sua obra-prima. Não só observe — sinta. Respire. Esteja presente. Porque nunca mais vai existir outro agora como este.

Você é livre?

Livre de verdade! Livre das prisões que ninguém vê, mas que são tão cruéis quanto aquelas de segurança máxima? Muitos de nós vivemos encarcerados em sentimentos que, mesmo invisíveis, têm o poder de nos aprisionar de maneira devastadora. O ódio que não conseguimos liberar e o rancor persistente nos corroem. A culpa interna e o desejo de vingança nos impedem de avançar. A sensação constante de inferioridade nos faz questionar nosso valor.

Essas prisões não têm grades físicas, mas são tão reais como quaisquer outras. Elas se formam dentro de nós, alimentando-se das nossas dores, dos nossos medos e defeitos. E, muitas vezes, nem percebemos que estamos presos até que tentamos nos mover e sentimos o peso dessas correntes invisíveis.

A verdade, no entanto, é que a liberdade não é algo que se conquista do lado de fora; ela começa dentro de nós. Ser livre é ter a coragem de enfrentar o que dói, deixar para trás o que não nos serve mais, perdoar aos outros e a nós mesmos. É permitir-se viver sem as amarras do passado, sem se deixar prender pelas expectativas alheias ou pelos julgamentos que fazemos de nós mesmos.

Então, eu lhe pergunto: você é livre? Se a resposta for "não", saiba que ainda há tempo. A chave para essa liberdade está em suas mãos. Pode ser difícil, pode ser doloroso, mas a liberdade que você vai encontrar ao chegar ao fim desse caminho é um presente que você merece.

Liberte-se! O mundo está esperando o seu melhor.

Despeça-se com graciosidade

Há ciclos que precisam ser encerrados. Há momentos na vida em que sentimos, lá no fundo, que é hora de deixar algumas coisas e pessoas para trás. E quando percebemos que a única opção é partir ou deixar ir, temos que aprender a fazer isso com graciosidade. Mais fácil falar do que fazer, eu sei.

Despedidas nunca são fáceis. Muitas vezes, nos agarramos ao que conhecemos, porque o familiar traz uma sensação de segurança, mesmo quando já não nos faz bem. Contudo, se nos apegarmos a algo que já não nos serve mais, estamos nos impedindo de crescer. É como tentar manter viva uma planta já morta, quando, na verdade, o jardim precisa de novas sementes.

Despedir-se com graciosidade não significa ignorar a dor. Pelo contrário, é reconhecer o que dói e nos permitir sentir sem deixar que isso nos consuma. É olhar para trás com gratidão, agradecer pelas lições, pelos momentos bons e difíceis, e depois, delicadamente deixar ir.

Deixar ir é respeitar a ordem e o tempo divinos, entendendo que o Universo jamais nos pediria para deixar ir algo ou alguém sem ter algo melhor à nossa espera. Deixar ir é demonstrar ao Criador que confiamos em Seus planos e, mesmo com medo, mesmo engasgados pelo sofrimento, pela dúvida e confusão, acreditamos nos processos que se desenrolam em nossa vida.

Depois de uma despedida, sempre existe um período de luto, maior ou menor, dependendo da situação.

Acolha-se nesses momentos. Dê-se o tempo necessário para sua cura. A cura não é instantânea; ela é gradativa, vem em pequenas doses de compreensão e aceitação.

É importante lembrar que tudo bem levar o tempo que for necessário. Evoluir é aceitar que o que passou teve seu valor, mas que agora é hora de olhar para o que está por vir.

O passado faz parte de quem você é, mas ele não precisa definir quem você será.

Nos permitir experimentar tudo o que a vida tem a nos dar

Não sei se ainda acredito no "felizes para sempre". Acredito no amor, sim, mas hoje vejo que é possível amar mais de uma pessoa ao longo da vida. A ideia de passar a eternidade ao lado de alguém parece cada vez mais improvável para mim. E, para ser sincera, não vejo isso como algo necessariamente ruim.

Quando criança, eu sonhava com um amor dos contos de fadas. Cresci e vivi momentos que poderiam muito bem ter sido roteiros de um filme da Disney — com pessoas diferentes, em tempos distintos. Olhando para trás, vejo que todos os amores que vivi tiveram sua devida importância.

Meus relacionamentos tiveram seu tempo, e, se terminaram, foi porque era o momento certo para isso. Quem sabe ainda viverei outros amores? Talvez sim, talvez não. O que quero dizer é que não devemos nos limitar a uma única versão da nossa história. Os cenários e os personagens podem mudar, assim como a forma como amamos e somos amados.

Há tanto a ser vivido, sentido e explorado — tanto no mundo exterior quanto no nosso mundo interior. Há tantas pessoas que ainda podemos encontrar. Acredito ser injusto não nos permitir experimentar tudo o que a vida tem para nos dar. Se você encontrou o seu "felizes para sempre" e deseja passar a eternidade com alguém, isso é maravilhoso e não estou aqui para dizer o contrário. Entretanto, se esse não é o seu caso, não pense que falhou ou que há algo de errado com você. Não diga que seus relacionamentos não deram certo. Cada experiência tem um propósito único e intransferível na vida de cada um de nós.

Esteja aberto e seja receptivo a diferentes caminhos, às novas perspectivas, não olhe para o presente e para o futuro com tanta rigidez. Abra espaço para a vida acontecer, e, entre os processos que ela apresenta a você, lembre-se de ser gentil e paciente consigo mesmo.

Tudo vira memória

Tudo se transforma em história. O instante em que você está lendo estas palavras, em breve, será apenas uma lembrança. Como isso faz você se sentir? Saber que o agora escorre por entre os dedos, que o presente logo fará parte do passado? Pensar sobre isso me ensinou a valorizar cada segundo, porque cada momento é único e singular.

Diante dessa realidade, temos uma escolha: podemos viver com mais intensidade, saboreando os detalhes, fazendo dos dias mais comuns extraordinários, ou continuar ignorando que cada dia que passa é um dia a menos.

A transitoriedade do tempo enfatiza a importância do presente. Até mesmo as lágrimas e os momentos de dor têm seu lugar e valor. Nada é desperdiçado quando estamos presentes.

Romantizar os momentos ordinários não é uma fuga da realidade, e sim uma forma de honrar a vida em sua essência. Transformar a rotina em algo digno de ser lembrado é perceber que, no fim, tudo vira memória.

E do que você quer se lembrar?

Dos dias em que viveu no automático, ou daqueles em que se permitiu sentir profundamente, consciente de que o presente é o único tempo que nos pertence de verdade?

O tempo não para! Contudo, se estivermos presentes e valorizarmos cada instante, ele deixa marcas profundas.

Algumas belas, outras difíceis, mas é isso que significa viver, não é? Então, que possamos viver com propósito, com genuína transparência, criando memórias dignas de celebração; uma vida que vale a pena ser lembrada.

O peso das coisas não ditas

Há um peso invisível que carregamos, e ele não vem das palavras que falamos, e sim daquelas que escolhemos engolir. As coisas não ditas ocupam espaço dentro de nós, acumulando-se aos poucos, transformando-se em um fardo emocional que, com o tempo, pode vir a se tornar insuportável. O silêncio que envolve essas palavras não é pacífico; ele é carregado de medo, arrependimento e incertezas.

Guardamos o que sentimos por medo de sermos mal interpretados, de machucar, de nos expormos demais. Ainda assim, a verdade é que as palavras não ditas têm uma existência própria. Elas se manifestam nos olhares desviados, nas conversas interrompidas, nas distâncias que surgem sem que percebamos. Elas constroem muros invisíveis entre nós e os outros — e, o mais doloroso, entre nós e a verdade que pulsa em nossa alma.

O que não botamos para fora, pesa. Esse peso afeta nossa capacidade de nos conectar com as pessoas à nossa volta. O silêncio nos dá uma falsa sensação de proteção, mas, na verdade, nos torna reféns de uma prisão de palavras não ditas, de emoções não expressas, de situações mal resolvidas. O que não falamos não desaparece; apenas se transforma em barreiras internas, em angústias silenciosas que carregamos como um segredo.

Há uma liberdade imensa em dar voz ao que ficou guardado. As palavras têm o poder de curar, de liberar o que por muito tempo esteve preso. E, quando falamos com honestidade e expressamos o que sentimos de verdade, tiramos esse peso de nós e abrimos espaço para novas histórias, novas conexões, novas possibilidades.

As palavras não ditas podem nos corroer por dentro, mas quando enfim são liberadas, curam, libertam e nos renovam!

Já carregamos tantas bagagens emocionais; já percorremos a caminhada árdua da vida, na maioria das vezes nos desfazendo de pesos desnecessários. As palavras, que têm uma missão tão bonita em nossa jornada, jamais deveriam se tornar fardos.

A heroína que precisei ser

Não tive outra opção senão ser a heroína da minha história. Não foi uma escolha consciente no início, e sim uma necessidade. A vida me encurralou, me deixou sem alternativas, ninguém me estendeu a mão: ou eu me levantava, ou me perderia para sempre.

Eu esperava por um salvador, alguém que viesse aliviar as dores que por muito tempo carreguei, alguém que entendesse o peso que eu carregava. Com o tempo, contudo, entendi que ninguém poderia ou deveria fazer esse papel. E, por mais cruel que pareça, essa solidão foi a minha maior aliada.

Aprendi que não preciso ser indestrutível, não preciso acertar sempre, mas preciso estar presente por mim. Porque ninguém mais conhece minhas batalhas. Ninguém sente o que sinto. E ninguém pode se levantar por mim, a não ser eu mesma.

Não pare até se orgulhar

Alguns dias serão desesperadores. Você pode olhar para os lados e perceber que está sozinho na trincheira da vida. Continue.

Haverá dias sombrios e assustadores em que você talvez não enxergue outra solução a não ser desistir. Nesses dias, você irá sentir o peso da luta. Resista!

Alguns dias serão longos, desafiadores e você pode sentir como se alguém estivesse te torturando lentamente, covardemente. Continue!

Continue, porque também vai chegar o dia em que você vai olhar para trás e agradecer por não ter desistido.

Então, **não pare** — até se orgulhar!

Lutamos, tentamos e entregamos tudo de nós

Diante do incontrolável, do imprevisível e do desconhecido, nos deparamos com um tipo de silêncio interno que nos desafia. É um silêncio que nos faz refletir e questionar: *você fez o que podia?*

E, na resposta sincera a essa pergunta, encontramos paz. Não é uma paz que vem da certeza do resultado, e sim da certeza do esforço.

Quando tudo parece fugir do nosso controle e a vida toma rumos não planejados, o que nos resta é a verdade simples de termos feito o melhor com o que tínhamos. Saber que colocamos nossas intenções, nosso trabalho e nosso coração naquilo que fizemos nos dá um alívio que o medo do desconhecido não pode tirar.

No fim, é isso que importa. Porque a vida é cheia de momentos em que as coisas saem do nosso controle, em que o inesperado bate à porta. E, nessas horas, ter paz não significa ter tudo resolvido, e sim saber que não fomos passivos. Lutamos, tentamos, demos tudo de nós.

Esta é a paz que vale: a que nos faz dormir à noite sabendo que, independentemente do que venha, honramos quem somos com nossas ações e nossa coragem.

Querido quase amor

Quase fomos. Quase estivemos. Passamos por essa dança de encontros e desencontros, um jogo de passos que nunca se alinhavam completamente. Em certo momento, éramos olhares que se buscavam, palavras que se encontravam em conversas infinitas. Em outro, éramos silêncio, distância, algo que ficou por dizer. Por muito tempo fiquei presa nesse "quase", acreditando que ele era o suficiente, que poderia se tornar um "ser" se eu apenas esperasse um pouco mais.

Contudo, o tempo passou, e aprendi que o "quase" é uma promessa que não se cumpre, uma esperança que não floresce. É como uma porta entreaberta, que mostra uma luz ao longe, mas nunca se escancara para nos deixar entrar. E viver nessa espera é como respirar fundo sem nunca soltar o ar, um aperto que sufoca e engana o coração.

Aceitar isso não foi fácil. O "quase" carrega memórias doces e uma sensação de potencial não alcançado, algo que poderia ter sido tão bonito se tivesse acontecido de verdade. Entendi, entretanto, que o "quase" nunca é, por mais que a gente queira. Ele fica parado no tempo, tal qual uma fotografia que guardamos, mas que já não faz parte do presente.

Hoje, escolho me despedir desse "quase" com gratidão apesar do aperto no coração. Porque ele me ensinou a valorizar o que é inteiro, o que é verdadeiro e o que não deixa dúvida. Espero que, em nossos caminhos separados, encontremos aquilo que é, e não apenas o que poderia ter sido.

Com carinho,

Alguém que aprendeu a deixar ir.

É ASSIM QUE AS FLORES CRESCEM

A vida é o que é

Sei que é provável que você já tenha escutado essa frase. Gostaria, no entanto, de enfatizar o que ela significa para mim e como aceitar e incorporar esse conceito na minha vida mudou tudo.

O que é, já está, e não pode ser modificado por nós. O que é, simplesmente é. O que vira o jogo, o que faz a chave girar, é o que decidimos fazer com as circunstâncias, os desafios, as desilusões, dores, catástrofes e tudo aquilo que a vida nos apresenta; o que escolhemos fazer com o que foi feito *para* nós, com o que foi feito *de* nós. É nesse espaço que mora o poder, o verdadeiro poder que possuímos.

Para contextualizar: você é demitido da empresa à qual se dedicou por anos. Não passou na entrevista daquele emprego dos seus sonhos. O relacionamento com aquela pessoa que parecia ser a sua alma gêmea não fluiu. Seu parceiro de negócios enganou você. Seu parceiro traiu, abandonou, deixou você na mão. Seu melhor amigo decepcionou você. O projeto no qual trabalhou duro, se empenhou e idealizou não deu certo.

Nada pode mudar nenhum desses cenários quando eles se apresentam no nosso caminho. A vida é o que é. As coisas são o que são. Contudo, você **pode** escolher como responder, reagir e lidar com cada uma dessas situações e com todas as outras que possam se apresentar. Você tem a escolha de permitir que acontecimentos que o destruíram por determinado período o definam, definam as suas atitudes e crenças a partir do que lhe aconteceu, ou você pode transformar a dor, a frustração, a decepção em poder, força — em adubo para fertilizar o terreno do seu coração e não permitir que as flores morram.

Não temos controle algum sobre as pessoas com quem convivemos (tampouco suas atitudes e escolhas), nem mesmo as que mais amamos e que supostamente mais nos amam também. Quando entendi isso, consegui encontrar paz diante de alguns acontecimentos e seguir de cabeça erguida e confiante vida afora.

Nossa resiliência não é só uma capacidade de sobreviver, é também a nossa habilidade de prosperar; de olhar além das adversidades, de extrair lições valiosas de cada experiência, por mais difícil que seja. Essa compreensão me permitiu abrir novas portas, abraçar novas oportunidades e cultivar um sentido de gratidão, mesmo nos momentos mais desafiadores.

Por isso, quando a vida parece tirar algo de mim, escolho encarar esse movimento como uma oportunidade para reavaliar minhas expectativas e redirecionar meu caminho. Posso lamentar ou me ressentir com pessoas que vão embora, ciclos que terminam antes do que eu gostaria ou esperava, ou posso programar minha mente para encarar cada fim como um recomeço e cada obstáculo como um degrau na escada do meu crescimento pessoal e espiritual. A dor, embora real e, às vezes, avassaladora, não precisa ser um ponto de chegada, mas sim um ponto de partida para uma jornada íntegra, honesta e humana. Assim, enquanto caminho por esta vida, cheia de incertezas e imprevistos, mantenho a convicção de que minha resposta a cada situação define quem sou e quem posso me tornar. A vida, de fato, é o que é, mas eu sou quem escolho ser diante dela. Em cada momento de escolha, opto por ser alguém que transforma desafios em degraus; dor, em força; e incertezas, em caminhos de possibilidades.

E é com essa mentalidade que continuo a escrever minha história, consciente de que, embora não possamos controlar o vento, podemos sempre ajustar as velas.

Além da superfície

Beleza, de fato, não é tudo. Essa é uma lição que demorei a aprender e, mesmo agora, após tantas voltas que a vida deu, ainda sinto como se estivesse assimilando isso. Em certa altura da minha vida de recém-solteira, após ter tirado um tempo para processar e me curar de um divórcio, conheci um dos homens mais bonitos e atraentes de toda a minha vida. Ele tinha *quase* todas as qualidades que sempre priorizei e desejei em um homem.

Nosso primeiro encontro foi como daqueles de filme: na minha cidade favorita no mundo, uma conversa casual à beira-mar que se transformou numa conversa profunda e infinita, como se já nos conhecêssemos havia anos. Ele era do tipo que chamava atenção por onde passava — alto, carismático, olhos verdes e um sorriso que derretia corações. Nós nos vimos algumas vezes depois disso, e talvez eu tenha me precipitado em tirá-lo da minha vida, mas a verdade é que meu coração não bateu mais forte por ele.

Sim, ele era deslumbrante, extremamente gentil, cavalheiro e me tratava como uma rainha — o que de fato não é nada além daquilo que todas nós merecemos, mas faltava algo essencial. E eu, feliz ou infelizmente, sou uma criatura feita para sentir. Preciso sentir tudo. E, por ele, sentia apenas uma atração física, superficial e insuficiente para que algo a mais pudesse acontecer.

Seria eu o problema?

Refleti muito sobre isso, certas vezes até me culpando por não conseguir corresponder ao interesse de alguém, supostamente tão ideal. Mas aprendi que a beleza é apenas uma parte da equação da atração. O coração, essa entidade caprichosa, procura mais do que um rosto harmonioso ou um corpo escultural; ele também procura uma conexão que transcende o visual, que toque o âmago do ser. No silêncio das noites em que me pegava pensando nele, percebi que o que desejava mesmo era alguém que tocasse minha alma. Eu, inclusive, já escrevi sobre isso. *Quero sentir borboletas na alma.* Quero risadas compartilhadas com olhares que falam, quero discussões que terminam em abraços apertados, quero segurança nas pequenas coisas. Quero mais do que olhos que me admirem; quero olhos que me vejam por inteiro.

Não acho que ele me via como eu queria ser vista. Talvez ele fosse sincero em seus elogios, mas não me encontrou na profundidade que gosto de visitar. Ele me queria, sugeriu em muitas das conversas que queria mais. Mais? Para que eu pudesse oferecer mais eu precisava sentir mais, e... não senti.

Decidi, então, não me culpar por não sentir. Da mesma forma que às vezes nos culpamos por sentir tanto, há ocasiões em que não sentiremos nada. Cada pessoa tem seu tempo e suas necessidades emocionais. Aprendi que está tudo bem em reconhecer que algo não é suficiente, que é necessário mais profundidade. Talvez, no fim das contas, o verdadeiro problema seja a sociedade nos ensinar que devemos nos contentar somente com o belo, com o que impressiona na superfície, sem buscar entender o que de fato nos move.

E assim sigo, aprendendo todos os dias que a beleza é apenas o convite para a festa da vida. O que importa mesmo é a música que toca lá dentro, e, se ela não me faz dançar, então talvez não seja a festa certa para mim.

Não sei desistir

É curioso como a maioria das pessoas que me conhece me descreve como forte, confiante e inspiradora. Até posso ser assim, mas a verdade, que poucos sabem e veem, é que já pensei em desistir diversas vezes. Grande parte da minha vida foi marcada por sentimentos de fraqueza e impotência. No entanto, mesmo despedaçada, mesmo nos momentos mais difíceis e nas quedas mais dolorosas, persisti. É possível que isso seja uma demonstração de força, talvez resistência e bravura. No entanto, não é dessa maneira que me enxergo todos os dias nem como me sinto. Às vezes, apenas me permito sentar e deixar as lágrimas caírem. Fecho os olhos, me abraço, me acolho e digo a mim mesma: "Tudo bem, agora pode ser a hora de se render."

Contudo, não consigo desistir. Nem mesmo sei desistir. Gosto dessa minha característica, mas há momentos em que é difícil continuar, em que persistir custa tudo de mim. A pergunta que fica é: se não for assim, como será? Como será o outro lado, o lado da desistência? Como me sentiria lá? Sigo me questionando, mas tenho a mais absoluta certeza de que não quero visitar esse lugar.

Eu só vou

Foi mergulhando nas sombras e ressurgindo na luz, incendiando-me e ressuscitando das cinzas, caindo e me levantando, errando e aprendendo, que me descobri pelo caminho. Alguns caminhos foram traçados pelas minhas escolhas, já outros foram impostos pelo destino. Eu só fui. Só vou. A vida me ensinou a apenas seguir. Com medo, sozinha, machucada, desamparada, acompanhada, feliz, triste, forte ou fraca. A vida não espera por ninguém. Às vezes, a gente precisa simplesmente ir, confiar mesmo no escuro, dar o passo mesmo sem enxergar o degrau seguinte. Arriscar o pulo mesmo quando existe a possibilidade da queda. Acho que é isso que chamamos de fé. Sempre fui assim. Mesmo desacreditando, sempre acreditei; mesmo tropeçando, sempre caminhei.

E assim sigo, o coração marcado por cicatrizes que contam histórias, mas que ainda bate com a força de quem sobreviveu a todas elas. Cada queda me transformou, cada lágrima iluminou o caminho, e, a cada renascimento, levo comigo um novo pedaço de mim, mais forte e mais vibrante. Mesmo quando o medo me toma e a dúvida se instaura, escolho seguir. Não porque sou invencível, e sim porque, mesmo em pedaços, escolho continuar. Porque, no fim, ser humano é isto: acreditar que, mesmo sem prever o próximo passo, sei que ele me levará exatamente aonde preciso estar.

Um bom dia para viver

Enquanto saboreio meu cappuccino de sempre, no café onde escrevi todos os fins de semana nos últimos três anos em Londres, deixo meus olhos vaguearem pela paisagem de um sábado nublado. O vento gelado do fim de agosto sinaliza que o verão está se despedindo, dando lugar ao outono que se aproxima com seu frio característico. Uma rajada de vento entra sorrateira pela porta do café, encontra minha pele e me faz arrepiar. Aconchego-me um pouco mais na cadeira, dou outro gole no cappuccino e observo a vida do lado de fora. Londres nunca decepciona quando se trata de melancolia.

De repente, algo incomum chama minha atenção: uma carroça branca, toda decorada, guiada por um típico senhor inglês, atravessando a avenida principal do bairro. Vejo que a carroça carrega um caixão também branco, enfeitado com flores roxas. Atrás dela, um cortejo de carros fúnebres segue em silêncio. A cena é solene, e não consigo impedir que pensamentos intrusivos invadam minha mente: hoje seria um bom dia para morrer? Mas, será que existem dias propícios para morrer? Ou para nascer, viver, sofrer, ser feliz?

Enquanto essas perguntas se desenrolam em minha mente, começo a perceber que talvez a resposta não esteja nos dias em si, mas sim em como escolhemos vivê-los. A cada amanhecer temos a chance de pintar o dia com as cores das nossas escolhas — sejam elas de esperança, sejam de tristeza, indiferença ou amor. Essas escolhas formam a história de nossa vida, preenchendo as páginas até que a tinta acabe e a história termine.

Talvez a morte não seja um fim abrupto, mas uma transição para um estado em que as lembranças e o legado de uma vida ainda ecoam, embora de maneira mais suave e distante. No entanto, enquanto estou aqui, enquanto ainda respiro e sinto, tenho a liberdade de escolher como preencher os dias que me restam, de como colorir o tempo que me foi dado.

É natural e profundamente humano questionar o valor dos nossos dias e ponderar se existe de fato um "bom" dia para qualquer coisa. Entretanto, talvez a verdade seja mais simples e, ao mesmo tempo, mais difícil de aceitar: os dias são apenas dias, vazios de significado até o momento em que nós lhes atribuímos um. O que fazemos com esse poder, de dar sentido ao que parece não ter, é o que define a qualidade da nossa vida. Então, talvez a questão não seja se existe um bom dia para morrer, e sim se estamos fazendo de cada dia um bom dia para viver — e, no fim das contas, é só isso que importa.

Reconhecer-se nas pausas e nos recomeços

Às vezes, eu paro e releio meus textos. A sensação que tenho é de estar sempre dizendo a mesma coisa, mudando apenas as palavras e o contexto. Então me pego pensando: *será que não sou criativa o suficiente?* No entanto, logo em seguida, me pergunto: *será que a vida também não é assim? Um ciclo de lições que se repetem, com pessoas diferentes e em cenários novos?*

Talvez o que mude mesmo seja o jeito como nos sentimos, as perspectivas que adquirimos e os personagens que cruzam nosso caminho. E é por isso que tudo parece igual, como se eu estivesse sempre escrevendo a mesma história. Ainda assim me questiono como escritora.

Todavia, mesmo diante de tantos questionamentos, algo me faz continuar. Porque, no fim, escrever não é sobre ser genial ou surpreendente o tempo todo. É sobre reconhecer e dar forma a esses ciclos que a vida traz. É tentar encontrar sentido nas repetições, nos altos e baixos, nas pausas e nos recomeços. Talvez eu sempre aborde os mesmos assuntos, mas o fato é que, a cada vez que escrevo, já não sou a mesma.

E talvez seja isso que importe de verdade. Não ser perfeita ou criar algo totalmente novo a cada linha, e sim ser verdadeira. Escrever com o que tenho agora, do jeito que sou agora. Porque, no fim das contas, é na persistência — no meio dessas dúvidas — que me reconheço e me reencontro.

O segredo da liberdade é a coragem

Nos meus trinta e muitos anos, quase me juntando ao grupo dos quarentões, peguei-me refletindo sobre a ideia de estabilidade. Esse conceito, que tantas vezes guia nossas decisões e nossos esforços, pode ser ilusório. Olhando de diferentes ângulos, vemos que, sim, a estabilidade traz segurança. Entretanto, será que nos garante a verdadeira felicidade?

Desde cedo somos incentivados a buscar segurança. Passar no vestibular, conseguir um diploma, encontrar um bom emprego, adquirir a casa própria. A sociedade nos ensina que a vida estável é a chave para uma existência bem-sucedida. Elaboramos uma lista de prioridades: uma espécie de mapa para a existência adulta, como se, ao finalizá-lo, descobríssemos a recompensa da felicidade e da realização. Casar-se, ter filhos e, óbvio, equilibrar tudo. Em teoria, isso nos garantiria uma vida estável e, por consequência, feliz.

No entanto, aí é que está a armadilha. Conquistamos todas essas metas e, ainda assim, muitas vezes parece que falta algo. Um vazio se instala justamente nos momentos em que deveríamos estar satisfeitos. E por quê? Por que confundimos estabilidade com realização? A estabilidade pode nos proporcionar conforto, mas não necessariamente propósito. Ela oferece a sensação de controle, mas não o sentimento de completude.

O que aprendi com o passar do tempo é que, por mais importante que a estabilidade seja, a vida é feita de movimento. E é nas incertezas, nos desvios, nas pausas inesperadas e nas frustrações que descobrimos o que de fato nos preenche. Nem sempre a resposta está no que planejamos, e sim no que permitimos acontecer fora do plano. Estabilidade, por si só, não é suficiente se não houver paixão, propósito e, acima de tudo, coragem de abraçar o imprevisível.

O segredo da felicidade é a liberdade, e o segredo da liberdade é a coragem.

Somente com muita coragem e disposição podemos lidar com o que foge do nosso controle. É ao desapegar da ideia de que as coisas precisam ser exatamente como planejamos que podemos experienciar a verdadeira liberdade.

Talvez a verdadeira estabilidade não seja a ausência de mudança, e sim a capacidade de nos mantermos firmes, mesmo quando tudo à nossa volta está em constante transformação. Afinal, a felicidade não vem da segurança das nossas conquistas materiais, mas da paz interior que encontramos quando aprendemos a fluir com a vida, aceitando suas incertezas e oscilações.

Então, em vez de buscar uma vida estável no sentido tradicional, talvez devêssemos nos concentrar em encontrar uma estabilidade interna — aquela que não se abala com as tempestades externas, que se mantém intacta, independentemente das circunstâncias.

O suficiente para quase me destruir

O quanto me machucou? O suficiente para quase me destruir. O suficiente para me fazer questionar quem eu era e por que ainda estava de pé. Senti cada golpe, cada cicatriz se formando na minha alma, como se toda a minha estrutura interna estivesse se despedaçando aos poucos, parte por parte. A dor foi quase insuportável, como uma sombra que me acompanhava, me seguia e me puxava para baixo, sem alívio, sem saída.

No silêncio das noites, ela gritava dentro de mim, e por muitas vezes desejei me perder no vazio que ela trazia.

O quanto doeu? O suficiente para me obrigar a encontrar forças nos momentos em que me senti mais fraca do que nunca. A dor que refletiu como um espelho todas as minhas fraquezas e os meus medos, mas que também me mostrou uma coragem desconhecida, uma capacidade de superação que eu não sabia ter.

O que parecia ser o fim se transformou no meu recomeço favorito. Sim, já morri várias vezes em vida, mas esse renascimento foi o mais bonito, o mais forte e significativo.

Reconstruí-me com cada pedaço que ficou pelo caminho, e, hoje, a minha versão atual carrega não só as marcas da dor como também a força que nasceu dela.

Em todos os momentos em que pensei que não poderia continuar, descobri que podia, sim. Eu escolhi me levantar, mesmo quando cada parte minha implorava por descanso, quando a única opção parecia a desistência.

Para cada marca que ficou, uma lembrança de que sobrevivi. De que, apesar de tudo, continuo aqui, mais forte do que nunca!

Caminha, que o caminho se abre

Quando perdi o medo de perder, percebi que nada nunca é de fato uma perda, e sim um redirecionamento. E que tenho sempre a escolha de como irei perceber e receber esse novo caminho que a vida está me oferecendo.

    Sim, alguns desses redirecionamentos são assustadores, dolorosos e confusos. Alguns bagunçam a vida e o coração. Alguns recomeços são desconfortáveis e assustadores. No entanto, se essa é a dinâmica da vida, acredito que não faz sentido resistir, lamentar e me revoltar contra inevitabilidades. Entregar-me e confiar me parece a escolha mais sábia diante do grande mistério que a vida é.

Caminha, que o caminho se abre. Confie que a vida te surpreenderá. Acredite que o que é seu virá. Que o melhor acontecerá!

Dar a si mesmo uma chance de escolher uma nova história

Quando uma crença limitante aparece, ela chega de mansinho, fingindo ser uma verdade absoluta. Traz consigo alguns pensamentos familiares, frases que você repete sem perceber: *não sou capaz, isso nunca vai dar certo, não é para mim*. Essas frases ressoam em um cantinho da sua mente — um lugar que você talvez tenha visitado tantas vezes que começou a chamar de lar.

No entanto, essas crenças são apenas visitantes indesejadas. Elas não fazem parte de quem você é; fazem parte do medo que, um dia, nos ensinou que era preciso nos proteger. Muitas vezes, essas crenças nascem de momentos de insegurança ou das vozes dos outros, que você deixou entrar, pois acreditava que tinham mais peso do que as suas.

Reconhecer esses pensamentos restritivos é o primeiro passo para deixá-los ir. É como abrir a janela em um quarto escuro: a claridade entra, e você começa a ver com nitidez o que antes parecia assustador. Questionar esses bloqueios mentais é dar a si mesmo a chance de escolher uma nova história — uma em que você se permite falhar, aprender e crescer.

Quando uma crença limitante aparecer, não a ignore, mas também não a trate como convidada especial. Olhe para ela, pergunte-lhe por que veio, de onde surgiu e o que ainda está tentando proteger. E então, com firmeza e compaixão, mostre a ela que você está pronto para criar novas histórias, mais fortes e mais reais. Porque você não é feito das limitações em que um dia acreditou, e sim da coragem de encará-las e transformá-las.

Estou pronta. Pronta para viver

Eu costumava pensar demais em tudo, em cada pequeno detalhe. As conversas que eu tinha com as pessoas se repetiam na minha mente. Eu analisava cada palavra, cada pausa, cada reação. Eu tinha um plano e acreditava que tudo ocorreria exatamente como previsto. Mas eu estava errada. Pensar demais nunca impediu que as coisas acontecessem. Nunca me protegeu da decepção. Nunca me deu o controle que eu tanto desejava.

Por isso, agora deixo a vida me conduzir com toda a sua intensidade.

Querida vida, atinja-me com a sua verdade, seja ela qual for. Mostre-me do que sou feita. Quebre-me, teste-me, desafie-me. Estou pronta. Pronta para a dor e o amor, para as lições e o crescimento.

Querida vida, mostre-me quão bom pode ser. Como o inesperado pode trazer magia ao meu mundo e o não planejado pode ser exatamente o que preciso.

Estou pronta. Pronta para viver.

Gire a chave

Estava andando e explorando a parte antiga de Dubai, nos Emirados Árabes, em uma dessas viagens que fiz. Peguei um táxi que, por engano, me deixou no lugar errado. Ao descer do carro, me vi numa rua desconhecida, num bairro tão silencioso que parecia congelado no tempo. As janelas fechadas, as portas trancadas, tudo carregava um ar de mistério. Por instinto, peguei o celular para chamar outro táxi, mas algo me deteve: uma chave no chão, brilhando sob a luz do sol, como se estivesse ali, à minha espera.

Peguei a chave, sentindo o metal gelado na palma da mão, e me perguntei: *que porta ela abriria?* Não havia pistas, nem um sinal. Apenas a chave, o vazio e o silêncio. E, então, tive um grande insight. A vida, muitas vezes, se revela assim: nos entrega uma chave sem nos dizer a porta que devemos abrir.

O que fazer com ela? Tentar todas as portas? Esperar que algo aconteça? A verdade é que nunca sabemos ao certo. Atrás de cada porta pode haver uma surpresa, uma nova história, ou apenas o vazio. Contudo, mesmo sem garantias, é preciso girar a chave. É isso o que nos impulsiona a seguir em frente e a confiar no desconhecido.

E se for a porta errada? E se o caminho não levar a lugar algum? A vida não nos dá respostas fáceis. Ela nos desafia a tentar, errar, aprender e continuar. Talvez o mais importante não seja acertar de primeira, e sim ter a coragem de buscar, arriscar, sentir que estamos vivos. No fim, o que importa é o passo dado, o movimento, e a certeza de que, aconteça o que acontecer, estamos prontos para o próximo capítulo.

Coloquei a chave de volta no chão. Não a girei, mas algo se destrancou em mim. Achei que o motorista tinha me deixado no lugar errado, mas aquele desvio inesperado me deu uma nova perspectiva. Aqueles poucos minutos com a chave em mãos se transformaram em palavras, e agora estão aqui, neste livro que você lê. Talvez este momento também o inspire a refletir sobre a própria jornada.

Não existem desvios, não existem lugares errados. Estamos sempre visitando territórios, dentro e fora de nós, que de alguma forma nos servem.

Esteja atento. A vida sempre quer nos ensinar, sempre tem algo a nos dizer. Então ouça, perceba, sinta. Conecte-se com a magia e o mistério de ser quem você é. Não tome sua existência como garantida. Faça valer a pena! Só você tem o poder de dar significado à jornada que está trilhando.

Que todas as tempestades, os dias de sol, os dias chuvosos, os momentos felizes e tristes lhe permitam florescer, crescer e se tornar quem você merece ser.

Este livro foi composto em Adobe Garamond Pro, Big River Script e
Futura Now Headline, e impresso em papel offwhite no
Sistema Cameron da Divisão Gráfica da Distribuidora Record.